喜びの道をひらく

天《てん》の言霊《ことたま》の道《みち》

北川 達也
Tatsuya Kitagawa

コボル

始めに

天《てん》の言霊《ことたま》の道《みち》。

天とは、神の国。
言霊とは、言葉に宿る神の力。
道とは、私たちに、神が満ちるための教え。

私たちが天の言霊の道を手にしたとき、
この世の何もかもが、うれしくなり、
私たちの喜びの道となる。

喜びの道は、私たちが、世の元の喜びの言葉を
受容することからはじまる新しき時代の人の生き方。
だが、今、人は、自らに喜びの道を閉ざしている。

「喜びの道をひらく」という心掛《こころが》けをもつのなら、
喜びの道は、誰《だれ》に対してでも、ひらかれる。
また、喜びの道が、ひらかれていることに気づく。

喜びの道は、苦しむことがなく、楽に歩める道。
楽に歩んでいくと、多くの気づきや学びが得られる。
すると、私たちの人生は大きく変わっていく。

そして、私たちの喜びが育てられる。

さらに、悲しみや悩《なや》み、苦しみ、痛み、不安、恐怖《きょうふ》、怨《うら》み、心配などの嫌《いや》な思いから解放される。

ひいては、他者の喜びが自分自身の喜びともなる。


これまでに、私は、神道《しんとう》の本『祈《いの》り方《かた》が9割《わり》』や仏法《ぶっぽう》の本『ブッダの獅子吼《ししく》』などを著《あらわ》している。

これらは、伝統に基《もと》づいて、誤りのないように、執筆《しっぴつ》したため、多くの宗教的専門用語を用いてきた。

本書では、そういう専門用語を用いないようにして、わかりやすい言葉で表現し、エッセーとした。

そして、前作までの著作から重要な項目《こうもく》を多数抜粋《ばっすい》し、
神道や仏法などの考え方や思想の枠組《わくぐ》みを超《こ》えて、
そこに喜びを実現する古今東西の思想を集大成した。

さらに、具体的に喜びの道を歩むことに役立つように、
日常生活の中で心の大きな支えの拠《よ》り所《どころ》となるように、
一つ一つの言葉が心に残るように編さんした。

さあ、新たな時代の神様と私たちとの物語。
『喜びの道をひらく　天の言霊の道』
いよいよ、時節到来《じせつとうらい》し、開示する。

喜びの道をひらく「十《じゅう》の扉《とびら》」

第二の扉《とびら》　喜びを呼び寄せる

第三の扉《とびら》　喜びの人生をおくる

第四《し》の扉《とびら》　嫌《いや》な思いを解消する

第五の扉《とびら》　心の自由を取り戻《もど》す

第六の扉《とびら》　夢や目標を定める

第七《しち》の扉《とびら》　慈愛《じあい》の心を起こす

第十《じゅう》の扉《とびら》　喜びの道をひらく

第一の扉《とびら》

喜びが満ちる神の国

❖神様の力により、宇宙が創造された

宇宙がはじめてひらかれる以前、喜びの言葉があった。

〈世の元の喜びの言葉〉
「うれしい」
「楽しい」
「面白《おもしろ》い」
「おいしい」
「幸せ」
「有りがとう」

この言葉は、現在でも、鳴り響《ひび》きわたっている。

さらに、この言葉が、私たちの感性の源ともなった。

この言葉を語った方の名前は、存在しない。
そこで、仮に、世《よ》の元《もと》の大神《おおかみ》と呼ぶことにする。

世の元の大神は、全知全能というよりも、
ただ最大の愛情に満ちあふれている存在。
まるで、太陽の光のような温かさに満ちている。

つづいて、世の元の大神が発する喜びの言葉から、
数多くの神々が生み出された。
このような神様の力により、宇宙が創造された。

数多くの神々の喜びは、慈《じ》・愛《あい》へ、
さらに、真《しん》・善《ぜん》・美《び》へと具体化された。
慈・愛、真・善・美は、固定的なものではなく、
その喜びの一部として、時代とともに、進展している。

真とは、認識上の真実という価値。
善とは、倫理《りんり》上の正義という価値。
美とは、美学上の調和という価値。

さらに、数多くの神々の喜びは、大きな喜びに、
その大きな喜びは、さらに、大きな喜びに、
常に発展し、とどまるところを知らない。

数多くの神々の喜びは、永遠《えいえん》に生まれつづけている。
私たちも、数多くの神々の喜びの中に抱《いだ》かれつつ、
成長し、発展しつづけている。

人生の目的は、数多くの神々の根本《こんぽん》ともいえる
世の元の大神が発している喜びの言葉に抱かれつつ、
喜びの道を歩むこと。

喜びは、世の元の大神と数多くの神々が生んでいる。
私たちにとって、このような神様の喜びに抱かれつつ、
その喜びを養うことが宇宙の中で最も重要といえる。

❖宇宙は、喜びへと向かい呼吸している

宇宙は、神様の中で生成されつづけている。
宇宙は、神様の外側にあるものではない。
宇宙は、神様の内側にあるもの。

宇宙は、神様の喜びに抱《いだ》かれ、神様に育てられている。
そこには、神様の計り知れないほどの愛情がある。

私たちの宇宙は、一体においても、部分においても、
常に喜びから、喜びへと向かい呼吸している。
また、今でも、神様の喜びによって創造されている。

❖宇宙の中の私たちは、神様の子

宇宙の中に生み出された私たちは、神様の子といえる。
神様は、私たちの親といえる。
私たちは、神様の子として神様の喜びに抱《いだ》かれている。

子どもは、理屈《りくつ》なく、何かを信じ求める傾向《けいこう》がある。
私たちも、そのように神様を信じ求めることが必要。

私たちの根本《こんぽん》の親ともいえる世《よ》の元《もと》の大神《おおかみ》は、
神の国に住み、宇宙がひらかれる以前から、
現在に至るまで、常に喜びの言葉を発している。

❖神の国は、喜びに満ちている心の状態

神の国は、ただただ、喜びに満ちあふれている。

人が別世界から神の国の到来《とうらい》を待ち望んでいるうちには、この世に、神の国は訪れてこない。
神の国は、私たちの心の中にある。

私たちは、神様の子として、この世に住みながら、神の国に住んでいるような心の状態を保つことができる。
神様の喜びに抱《いだ》かれつつ、その喜びを養うことにより、私たちの心の中に、神の国はひらかれる。

第二の扉《とびら》

喜びを呼び寄せる

❖私たちの喜びの内なる言葉を育てる

どのようなときでも、神様の喜びに抱《いだ》かれつつ、その喜びを養いたい。
そのためには、世の元の喜びの言葉が重要。

〈世の元の喜びの言葉〉
「うれしい」
「楽しい」
「面白《おもしろ》い」
「おいしい」
「幸せ」
「有りがとう」

この言葉は、今、この瞬間《しゅんかん》も、鳴り響《ひび》きわたっている。
また、世の元の喜びの言葉を多く用いることにより、
世の元の喜びの言葉が、
私たちの喜びの内なる言葉ともなる。
内なる言葉とは、声になる前の心の言葉。

たとえば、食事のときに、

「うれしい」

「おいしい」

と意識的に喜びの内なる言葉を用いるようにしたい。

世の元の喜びの言葉を意識的に用いて、
私たちの喜びの内なる言葉を育てよう。

食事に。
家事に。
仕事に。
趣味《しゅみ》に。
余暇《よか》に。

私たちの喜びの内なる言葉を育てつづけると、
この世の何もかもが、喜びとなる。

❖ 起きることは、内なる言葉からはじまる

内なる言葉は、神様から喜びを養うために与《あた》えられた。
私たちの中に喜びの内なる言葉がある状態は、
私たちが神様に守られている状態といえる。

だが、私たちに喜びの内なる言葉があるだけではなく、
悲しみなどが内なる言葉になってしまうこともある。

自分自身に起きることは、内なる言葉からはじまる。
よって、起きることは自分自身が呼び寄せたもの。
内なる言葉にないものが、外から近寄ることはない。

内なる言葉は、その質と同じ情報や他人の言葉を集めて、その内なる言葉をより強化するように働く。

ついては、内なる言葉を意識にあげることによって、外から近づいてくるものが変わる。

嫌《いや》なことが起きるのは、外には関係なく、内なる言葉に嫌なものがあるということ。

まずは、このように受け止めて考えを進めることがとても重要といえる。

「苦しい」という内なる言葉があると、ますます、苦しみを呼び寄せてしまう。

「誰《だれ》かが悪い」という内なる言葉があると、
誰かの悪い面だけが目につくようになってしまう。

内なる言葉に悲しみがあると、悲しくなる。
この悲しみがあるとき、内なる言葉は神様から
喜びを養うために与えられたことを思い出したい。

そして、世の元の喜びの言葉に思いを巡《めぐ》らせて、
私たちの喜びの内なる言葉を育てよう。

私たちの喜びの内なる言葉を育てつつ、
歩みを進めることにより、喜びの道はひらかれていく。

❖ 現在を足掛《あしが》かりとして、喜びとする

すべての出来事は、過去ではなく、未来ではなく、
今、この瞬間《しゅんかん》の内なる言葉によってつくり出される。

確定している未来はない。
未来は、現在の内なる言葉がつくり出していく。

過去を考えて、後悔《こうかい》することはやめよう。
未来を考えて、不安に思うことはやめよう。
現在に、私たちは生きている。
現在から未来へと向かって、喜びとしよう。

現在の私たちの置かれている環境《かんきょう》は、
人それぞれの内なる言葉が呼び寄せたもの。
そのため、環境に不満をいうことは
自分自身が自分自身に対して悪口をいうのと同じこと。

その置かれている環境を認識し受け入れることにより、
はじめて、私たちは、前に進めるようになる。

できることは、現在がいかなる状況《じょうきょう》であったとしても、
内なる言葉を意識にあげて進むこと。
そのうえで、少しずつ、あせらないで、ゆっくりと、
時間を掛《か》けて、現実的な改善をも行いたい。

たとえ、現在、何かしらの問題を抱《かか》えていたとしても、
「日に日に、よくなっている」と強く信じよう。
さらに、「神様が改善してくれる」と強く信じること。

このような内なる言葉を意識にあげることによって、
私たちは、徐々《じょじょ》に、よくなっていく。

過去にではなく、現在から未来へと向かって、
現在を足掛《あしが》かりとして、今を改善しよう。
そして、喜びを養いつつ、今を生き抜《ぬ》きたい。
すると、私たちの喜びの内なる言葉が育っていく。

❖喜びの呼吸法を日々に実行する

すべてにわたって神様の喜びに抱《いだ》かれつつ、
その喜びを養っていくための方法として
特に喜びの呼吸法は優《すぐ》れている。
喜びの呼吸法には、精神状態を好転させる力がある。

◉喜びの呼吸法

①空気の有りがたさを感じ、ゆっくりと、息を吸い込《こ》む
②「うれしい」と思いつつ、ゆっくりと、息を吐《は》く
③ひと呼吸ごとに、全身の力を抜《ぬ》いていく
④神様の喜びに抱かれつつ、その喜びを養う意識をもつ

喜びの呼吸法は、くり返し、世の元の喜びの言葉を
意識に覚え込ませることによって成り立つ。
呼吸法の仕方は、ここで記《しる》したこと以外は自由。

また、時間や場所、姿勢、回数なども、問わない。
自分自身のペースで、無理をしないように行うこと。
たとえば、電車での移動中や散歩中、読書中、入浴中、
コーヒーブレークなど、気が向いたときに行いたい。

日々に実行していると、神様の喜びに抱かれつつ、
その喜びを養っていることが実感できる。

❖身近にある大きな恵《めぐ》みに、思いを巡《めぐ》らせる

私たちは、喜びが少ないと感じてしまうことがある。
それは、神様と人それぞれから生み出されている
身近にある大きな恵《めぐ》みに、気づいていないだけのこと。

そのようなときに、私たちは、思いを巡《めぐ》らせて、
足りていることを知る必要がある。
これによって、世の元の喜びの言葉はもとより、
喜びに満たされていることにおのずから気づく。

喜びが少ない人は、この世に、ひとりもいない。

私たちには、
空気があり、
水があり、
食料があり、
衣類があり、
物があり、
住居があり、
そして、肉体がある。

さらに、電気があり、
ガスがあり、
水道がある。

これらは、神様と人それぞれが生み出しているもの。
当たり前にあるものではなく、有りがたいもの。
決して、あって当然というものではない。

これら一つ一つがあることに真剣《しんけん》に思いを巡らせると、
私たちは、生かされていることに気づく。
また、命が支えられていることを実感する。

私たちは、神様と人それぞれから生み出されている
身近にある大きな恵みに気づくと、「有りがとう」と、
感謝の心で、喜びを養いつつ、過ごせるようになる。

第三の扉《とびら》

喜びの人生をおくる

❖人の命は、この世も、あの世も、生き通《どお》し

この世とは、身近にある大きな恵《めぐ》みによって、
私たちが生かされている世界のことをいう。

この世で生かされている私たちは、
あの世があると信じることにより、
死への恐怖《きょうふ》や死別した人への悲しみから癒《い》やされる。

私たちは、寿命《じゅみょう》がつきると、
この世からあの世へと進み行《ゆ》く。
この世で実現できなかった夢や目標は、
あの世まで、もちつづけてもいい。

人の命は、この世も、あの世も、生き通《どお》し。
この世と、あの世は等しい世界。

人の死後、この世で生きていたときの思いが、
そのまま、あの世までつづく。
この世での思いと、同じ思いのあの世へと進み行く。

それは、誰《だれ》かが決めているものではなく、
自らの心の状態により、あの世を決めて進み行く。
心に喜びの多い人は、喜びのあの世へと。
心に悲しみの多い人は、悲しみのあの世へと。

加えて、この世にも、あの世にも
喜びに満ちあふれている神の国はある。
この世で神の国に住む人は、あの世でも神の国に住む。

私たちは、この世でも、あの世でも、
神の国に住んでいるような心の状態を保ちたい。

そして、この世とあの世は等しい世界と考えると、
私たちにとっては、この世こそ重要な世界といえる。
寿命がつきるまでは、あの世のことを考えないで、
できる限り、この世のことだけを考えて生きよう。

❖人生は、一度限りの掛《か》け替《が》えのないもの

この世は、ありとあらゆる物事が、刻一刻、
今、この瞬間《しゅんかん》も、常に移り変わっている。

この世で生きている私たちも、刻一刻、
今、この瞬間も、常に変わりつづけている。

今の自分自身と一分前の自分自身とでは、
厳密にいうと異なる。
体の細胞《さいぼう》は、常に入れ替《か》わっている。
私たちの気持ちも、常に移り変わっている。

山川草木《さんせんそうもく》も、命が宿っていないとされる無機物も、
そのあり方は、常に変化している。
地球も、宇宙も、ダイナミックに変化している。
この世で、永遠《えいえん》に不変なものは一つとして存在しない。

同じように、今日《きょう》という日は二度とない大切なもの。
私たちの短い人生も、二度とない貴重なもの。

死んで再び生まれ変わってきたとしても、
生まれる前の記憶《きおく》が思い出せないのなら、
生まれる前の人生と今の人生とでは、
全く異なる人生となる。

また、両親や友人、人間関係、時代、国、人種、言語、肉体、ＤＮＡなど、すべてが異なるものとなるのなら、生まれる前の人生と今の人生とでは、違《ちが》う人生となる。

どのように考えても、今、私たちが生きていることは、一度限りの掛《か》け替《が》えのない人生といえる。掛け替えのない貴重な人生ということに気づくと、この世の人生で、思い悩《なや》む時間はないと自覚する。

この自覚により、この世の人生で思い悩む時間をなくし、神様の喜びに抱《いだ》かれつつ、その喜びを養いたい。

❖ 他者との比較《ひかく》をやめて、才能を認める

この世は多様性に満ちあふれ、人々が生きている。
また、私たちは、それぞれに異なる人生をおくっている。
そこで、いい人間関係を築くために、多様性を認めること。

人それぞれに、多様で異なる才能をもっている。
ひとりとして、同じ才能の持ち主はいない。

そのため、この世では、他者の才能を認めることも大切。
さらには、喜びを養うために、他者との比較《ひかく》をやめて、
自信と勇気をもち、自分自身の才能をも認めよう。

❖尊重することにより、思想が成り立つ

この世の思想は、権威者《けんいしゃ》や師匠《ししょう》、親が決めるものではない。
私たちが尊重しないのなら、私たちの思想とはいえない。
私たちの思想は、人それぞれの価値観によって、
各自が思想を尊重することにより、その思想が成り立つ。
私たちに、喜びを抑圧《よくあつ》するような思想は不要。
喜びをもたらす思想のみを受容しよう。
そして、私たちは、このような考えに基《もと》づきつつ、
この世で、喜びの人生をおくりたい。

❖自然な欲求をも、温かく見守る

この世で生きる私たちには、
人それぞれに異なる自然な欲求が備わっている。

「おいしいものを食べたい」
「お酒を飲みたい」
「異性と会話がしたい」
「睡眠《すいみん》をたっぷりとりたい」
「遊びたい」
「趣味《しゅみ》を楽しみたい」
「いい服を着たい」

ときには、節約・節制・自制が必要なこともある。
けれども、私たちがもつ社会的欲望や世俗的《せぞくてき》欲望、
人により自慰《じい》などの肉体的欲望、これら自然な欲求は、
決して、人間性をゆがめるものではなく、悪でもない。

一方、他人の言葉により自然な欲求を悪と見なして、
それを過度に節制する思想もある。
このような思想では、自分自身を疲弊《ひへい》させてしまう。

私たちは、他者を悲しませないように配慮《はいりょ》しつつ、
自制が必要なところは自制して、喜びを養うために、
この世の人生で、自然な欲求をも温かく見守りたい。

第四《し》の扉《とびら》

嫌《いや》な思いを解消する

❖ 言葉は、さまざまに解釈《かいしゃく》される

この世の人生で嫌《いや》な思いをしないようにするために、
私たちは、言葉についての理解を深める必要がある。

言葉は、人それぞれの経験や境遇《きょうぐう》などにより、
さまざまに受け取られ解釈《かいしゃく》される。
そのため、言葉とは人それぞれの解釈により
成り立っている不安定なものといえる。

このような言葉の本質をつかめると、
私たちは、他人の言葉を慎重《しんちょう》に聞けるようになる。

❖情報を集めて、恐怖《きょうふ》を改善点に捉《とら》え直す

他人の言葉は、うのみにしないようにしたい。

政府や医療《いりょう》機関がいっていたとしても、誤情報はある。

よって他人の言葉を精査し、それを自分自身の考えに受容するのかどうかの判断が必要になる。


特に、恐怖《きょうふ》に関する言葉は思考をストップさせる。

たとえば、感染症《かんせんしょう》や気候変動などのニュースの言葉。

そして、人は、その言葉通《どお》りに、信じてしまう。


私たちに、恐怖の言葉はいらない。

もし、自らに恐怖が生じてきたのなら、
良質な情報を集め、恐怖を改善点に捉《とら》え直すことが必要。
たとえば、薬に頼《たよ》るよりも、自然治癒力《しぜんちゆりょく》を高めること。

また、情報が足りていないと判断がつかないことも多い。
そこで、自分自身の情報と反対の情報にも目を向けよう。
すると、正誤は単純に割り切れるものではないとわかる。
いいか、悪いかという二元論的《にげんろんてき》に考えることも改めよう。

さらに、今、次世代のためにも、自信と勇気をもって、
すべての情報に背を向けないようにしたい。

❖保留にすること自体も、自分自身の考え

他人の言葉を聞いたとき、聞き流すことがないように、一つ一つの言葉を意識的に吟味《ぎんみ》して聞きたい。

さらには、権威者《けんいしゃ》・師匠《ししょう》・親の言葉や本書の内容も含《ふく》め、受容できる言葉のみを自分自身の考えに取り入れよう。

受容できない言葉の場合は、否定しないようにしつつ、「可能性がある」くらいに考えて保留にしよう。

この他人の言葉を保留にしておくこと自体も、とても大切な自分自身の考えといえる。

❖不名誉《ふめいよ》な言葉には、拒絶《きょぜつ》する態度が必要

受容できない他人の言葉は、保留にしておくことが大切。
しかし、不名誉《ふめいよ》な言葉は真《ま》に受けないようにしたい。

不名誉な言葉とは、
主《おも》に権威者《けんいしゃ》や師匠《ししょう》、親などからの喜びを抑圧《よくあつ》する理不尽《りふじん》で、
自分自身の心の傷になってしまうような言葉。
これが自分自身の内なる言葉に、影響《えいきょう》を及《およ》ぼすこともある。

私たちには、不名誉な言葉に対する同意や覚悟《かくご》はいらない。
また、生まれもった気質などとは考えないほうがいい。
不名誉な言葉は、私たちの喜びの内なる言葉を衰弱《すいじゃく》させる。

そこで、断固、不名誉な言葉には拒絶《きょぜつ》する態度が必要。

そのような態度をとるためには、
「神様が、守ってくれている」
と強く信じて、日々、自信と勇気をもちつづけること。
すると、不名誉な言葉があまり気にならなくなる。

また、前述の喜びをもたらす思想のみを受容することと同様に考えて、喜びを抑圧するような言葉は不要。

さらに、自分自身に不名誉な内なる言葉があるのなら、その言葉を名誉《めいよ》ある内なる言葉へと置き換《か》えよう。

❖名誉《めいよ》ある内なる言葉へと、置き換《か》える

〈不名誉《ふめいよ》な内なる言葉〉　　〈名誉《めいよ》ある内なる言葉〉

・暗い　↓　・明るい

・冷たい　↓　・温かい

・もてない　↓　・もてる

・落ち着きがない　↓　・落ち着きがある

・精神的に弱い　↓　・精神的に強い

・ダメな人間　↓　・役立つ人間

・劣《おと》っている　↓　・優《すぐ》れている

・できるわけがない　↓　・自分ならできる

・記憶力《きおくりょく》が悪い　↓　・記憶力がいい

・仕事ができない　↓　・仕事ができる

・食べられなくなる
↓
・食べていける

・ツキがない
↓
・ツキがある

・運が悪い
↓
・運がいい

・徳がない
↓
・徳がある

・魂《たましい》の階層が低い
↓
・魂の階層などはない

・怨《うら》まれている
↓
・怨みなどはない

・呪《のろ》われている
↓
・呪いなどはない

・憑依《ひょうい》されている
↓
・憑依などはない

・罰《ばつ》がくだされる
↓
・罰などはない

・罪《つみ》がある
↓
・罪などはない

・地獄《じごく》に落ちる
↓
・地獄などはない

❖嫌《いや》な記憶《きおく》は、よみがえるたびに強化される

不名誉《ふめいよ》な言葉は、嫌《いや》な記憶《きおく》になることが多い。

嫌な記憶とは、実際にあった過去の出来事の中から、ふとしたときに、くり返しよみがえってきてしまう悩《なや》みや苦しみ、痛み、不安、恐怖《きょうふ》などの感情をいう。


私たちは、過去の嫌な記憶がよみがえるたびに、その体験をしたときと同じ感情が湧《わ》きあがる。

すると、その感情に対応する脳内ホルモンが分泌《ぶんぴ》される。

そして、これをくり返すと、嫌な記憶がより強化される。


嫌な記憶の正体は、生命維持《せいめいいじ》に関する感情の記憶の残骸《ざんがい》。

◉生命維持に関する感情の記憶
・危害の記憶
・失敗の記憶
・損失の記憶

これらは、人が生きていくうえで、大変、重要な記憶。

しかし、嫌な記憶のフラッシュバックやトラウマにまで進んでしまうことは必要以上の暴走といえる。

嫌な記憶が今の自分自身を守ってくれることはない。

嫌な記憶に対しては、それを手放す強い決意が必要。

❖嫌《いや》な記憶《きおく》は、縮小化することができる

過去の嫌《いや》な記憶《きおく》は、思い出さないことがいちばん。

嫌な記憶を意図して思い出すメリットは、何一つない。
嫌な記憶を思い出さないようにしていると、
時間の経過とともに、嫌な記憶は薄《うす》らいでいく。

しかし、思い出さないようにしていても、
ふとしたときに、よみがえってきてしまうことがある。
そこで、私たちは、喜びを養っていくために、
嫌な記憶を縮小化する方法を身につける必要がある。

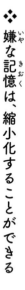

最初に、手放したい嫌な記憶がよみがえってきたとき、それに負けずに喜びの呼吸法を実行する（P31参照）。喜びの呼吸法を実行すると、気持ちの切り替《か》えができる。また、嫌な記憶の助長をくい止められる。

次に、嫌な記憶の場面は、「過去の出来事で、現在は起きていない」「過去は、すでに過ぎ去っている」と認識しよう。

さらに、私たちの身近にある大きな恵《めぐ》みに真剣《しんけん》に思いを巡《めぐ》らせよう（P33参照）。するると、自分自身が生かされていることに気づく。

このような思いに至ると、

現在から未来へと向かって生きている私たちが、

過去の嫌な記憶にとらわれている無意味さを知る。

最終的に、神様への感謝の心にひたることにより、

過去の嫌な記憶を縮小化することができる。

◉嫌な記憶を縮小化する主《おも》な方法

① 喜びの呼吸法を実行し、気持ちの切り替えを行う

② 嫌な記憶の場面は、過去の出来事と認識する

③ 大きな恵みに思いを巡らせて、感謝の心にひたる

❖感謝の言葉によって、嫌《いや》な記憶《きおく》の質が変わる

さらに、ふとしたときによみがえってきてしまう嫌《いや》な記憶《きおく》に対して「有りがとう」と心の中で連呼し、感謝の言葉でラベリングする方法もある。

嫌な記憶は、生命維持《せいめいいじ》に関する感情の記憶の残骸《ざんがい》。
そのため、記憶にとても刻まれやすい。
一方、感謝の記憶は生命維持との関係が少ない。
そのため、記憶に刻まれにくい。

この記憶の性質を利用しよう。

記憶に刻まれやすい嫌な記憶であったとしても、感謝の言葉によってラベリングしつづけることにより、嫌な記憶の質が変わり、記憶がよみがえりにくくなる。

嫌な記憶に対し、感謝の言葉でラベリングすることは、人により、とても難しいことといえるのかもしれない。だが、これを行いつづけた先に、私たちは、実際に、嫌な記憶を思い出しにくくなっていることを体感する。

なお、過去と現在とを切り分けて、現在の出来事の場合、現在を足掛《あしが》かりとすることも試したい（P28参照）。

❖過去の解釈《かいしゃく》は、いくらでも、変えられる

過去の嫌《いや》な記憶《きおく》は、神様の喜びに抱《いだ》かれつつ、
その喜びを養うことにより、さらに解消へと向かう。

〈世の元の喜びの言葉〉
「うれしい」
「楽しい」
「面白《おもしろ》い」
「おいしい」
「幸せ」
「有りがとう」

実際に起きてしまった過去の出来事は、変えられない。
一方、過去の出来事の解釈《かいしゃく》はいくらでも変えられる。
自信と勇気をもち、必ず変えられると強く信じよう。

ここまでに、嫌な記憶を縮小化する方法を述べた。
一度で、嫌な記憶が縮小化されることは少ない。
しかし、嫌な記憶の縮小化をくり返すうちに、
徐々《じょじょ》に、感謝の気持ちが芽生えてくるようになる。

最終的に、嫌な記憶を思い出すたびに、
「有りがとう」と感謝できるような自分自身となる。

第五の扉《とびら》

心の自由を取り戻《もど》す

❖自分自身の一貫性《いっかんせい》を保つことは、難しい

ここから、嫌《いや》な思いから離《はな》れ、自分とは何かを探求しよう。
自己に対して、他者という。
自己と他者は、考えを進めるうえでの言葉に過ぎない。

自分自身とは、他者よりも、自己を強調する言葉。
他者との関係を断ち、他者と関わることが全くなく、
自己のみで完結している自分自身は存在しない。

自己中心的な考えをもつ人は、他者との関係を考えないで、
自分自身だけで世界が成り立っていると考える。

また、自己中心的な考えにより、自己実現を目指すために、自分自身の考えを他者に押《お》しつけようとする。

そのため、自己中心的な考えは、人間関係で支障をきたす。

そして、最終的なあり方は、自己同一性を望むようになる。


自己同一性とは、時間・空間を超《こ》えて、自分自身という一貫性《いっかんせい》を保つことといえる。

しかし、自分自身とは思いもよらない人間関係などにより変化するもので、自分自身の一貫性を保つことは難しい。


このような自己中心的な考えにおちいらないために、私たちは、つながりという考えを身につける必要がある。

❖物事は、つながりの中で存在している

すべての物事は、縁《えん》によって起きる。
原因と無数の条件とがととのうと、
お互《たが》いに関係し合って、結果が生まれる。
結果が生まれると、その結果が、再び新たな原因を生む。

言い方を変えると、すべての物事は、関係し合って、
つながりの中で存在しているということになる。

自分自身の置かれている環境《かんきょう》も、つながりの中にある。
自分自身の肉体も、つながりにより成り立っている。

たとえば、他者とのつながりが完全に途絶《とだ》えてしまうと、食料が手に入らなくなり、肉体の維持《いじ》ができなくなる。

このような他者とのつながりを考慮《こうりょ》することにより、自己中心的な考えはなくなる。

さらに、自分自身だけで肉体が成り立っているという考えをもっているのなら、その考えをも改めよう。

改めないと、ひとりぼっちという気持ちになってしまう。この気持ちに心の自由が奪《うば》われて、悲しむこととなる。心の自由を取り戻《もど》すため、つながりをより深く考えると、この世に、ひとりぼっちはいないことに気づく。

❖ さまざまなものと、一体となる

ひとりぼっちという気持ちに
心の自由が奪《うば》われないようにするためには、
自分自身の意識がつくり出す分断の意識の壁《かべ》をなくし、
さまざまなものと一体となることが必要といえる。

分断の意識の壁とは、自他の境界をつくる意識のこと。
まずは、精神と肉体との分断の意識の壁をなくしたい。
分断の意識の壁のなくし方は、通常の意識状態で、
ただ分断の意識の壁は存在しないと思うだけでいい。

分断の意識の壁をなくして、一体となりたい。

空気を吸うと、空気と自分とが一体となる。
水を飲むと、水と自分とが一体となる。
食料を食べると、食料と自分とが一体となる。
衣類を着ると、衣類と自分とが一体となる。
物を使うと、物と自分とが一体となる。
住居で暮らすと、住居と自分とが一体となる。

他者と分かち合うと、他者と自分とが一体となる。

動物や植物を見ると、それらと自分とが一体となる。
山や川や海を思うと、それらと自分とが一体となる。

大空《おおぞら》や大地《だいち》を想像すると、
大空や大地と自分とが一体となる。

宇宙とも分断の意識の壁をなくすと、
宇宙と自分とが一体となる。
宇宙と自分とが一体となると、すべては自分となる。

すべては自分という意識がもてると、ひとりぼっちという
心の自由が奪われている状態から解放される。
さらに、自己中心的な考えがよりなくなり、
自分自身の喜びとなり、すべてのものの喜びともなる。

❖部分・順序・一体が、神様の考え方

神様には、分断の意識の壁《かべ》がない。
私たちが喜びの道を歩むとき、
分断の意識の壁がいちばんの妨《さまた》げとなる。

神様の考え方は、部分に順序をつけて一体となること。
部分・順序・一体により、物事が成り立っている。
たとえば、個人を部分として捉《とら》えると、順序をつけて、
いろいろな個人が集まり、グループとして一体となる。

順序とは、各部分を最適な状態にととのえること。

私たちは、神様の考え方に沿って、
部分を大切にし、順序を重んじ、一体となりたい。
この意識により、分断の意識の壁はよりなくなっていく。

世の元の喜びの言葉とも、一体となりたい。
世の元の喜びの言葉と私たちとが一体となると、
それは大きな私たちの喜びの内なる言葉となる。

私たちが神様と順序をつけて一体となったとしても、
自分自身という部分がなくなることはない。
一体となると、神様と自分自身はお互《たが》いに栄えていく。

❖分断の意識の壁《かべ》をなくし、すべてを受け入れる

自分自身のみの自分は、存在しない。
宇宙のすべては、つながっている。
特に、神様と自分自身とのつながりは切れない。

分断の意識の壁《かべ》は、悲しみの世界をもたらす。
分断の意識の壁をなくすことは、喜びの世界をもたらす。

すべての分断の意識の壁をなくし、すべてを受け入れ、
すべては自分という意識をもって生きよう。
すべては自分という意識をもち、自らに感謝もしよう。

第六の扉《とびら》

夢や目標を定める

❖夢や目標は、前向きな意欲から定めるもの

すべては自分という一体の意識をもちつつも、部分としての自分自身の夢や目標をもつことが大切。

夢や目標をもつことは、私たちの日常の心の状態を神の国に住んでいるような心の状態にしてくれる。これが、私たちの生きるための原動力ともなる。

自分自身の中から湧《わ》き出してくる夢や目標は、私たちの前向きな「やりたい」や「したい」という意欲から定めるもの。その意欲が、私たちに自由と喜びをもたらす。

一方、「〇〇しなければならない」という言葉は、
私たちの意欲から出たものではなく、
多くの場合、義務感から出たもの。

義務感は、おおよそ、私たちの人生において、
ストレスとなり、私たちを疲弊《ひへい》させる。

まずは、簡単にできると思われる事柄《ことがら》から、
自分自身の夢や目標を定めよう。
神様の力を信じて、夢や目標に向かうことにより、
私たちの喜びの内なる言葉を育てよう。

❖ 夢や目標の限界は、想像力によって決まる

才能がないから夢や目標は実現できないと考えてしまうと、前に進むことができなくなる。

私たちが夢や目標を定めるとき、実現できるのかどうかの根拠《こんきょ》はいらない。夢や目標を実現させるためには、才能や根拠より、まずは、夢や目標をもつことのほうが大切。

夢や目標を実現させていく人たちを見ると、多くの場合、根拠のない自信をもっている。

根拠のない自信をもつこと自体が、
夢や目標をかなえるための秘けつ。

他者から見て、達成できないと思われるくらいの
大きな夢や目標をもっていてもいい。
自分自身の夢や目標の限界や大きさ、数などは、
自分自身の想像力によって決まる。

できないと思うと、達成することは難しい。
できると思うと、達成する道がひらかれていく。
そして「神様の力により、夢や目標は実現できる」
と強く信じることも大切。

❖ 夢や目標に向かい小さな自信を積み重ねていく

私たちが夢や目標に向かって進むとき、
喜びのバランスを五つの項目《こうもく》でとることが必要。

〈五つの項目〉健康・家庭・職場・趣味《しゅみ》・社会

どれか一つにかたより過ぎると、
ほかのところで、支障をきたしてしまう。

私たちの夢や目標は、五つの項目のバランスをととのえ、
神の国に住んでいるような心の状態を目指すこと。
このような夢や目標に向かって、うまく時間を使い、
物事に打ち込《こ》んでいると徐々《じょじょ》に成果は現れてくる。

だが、多くの場合、日々の成果は目には見えない。
成果が見られないと、ときに、あきらめたくなる。
このときに、行《おこな》ったことは小さな自信へとつながると
強く信じることがとても重要といえる。

小さな自信は、積み重なっていくもの。
日々、その小さな自信を積み重ねていくと、
夢や目標に近づいていくことができる。

物事を成し遂《と》げる喜びを味わうと、
当初の夢や目標とは異なる新たな夢や目標も見えてくる。

第七《しち》の扉《とびら》

慈愛《じあい》の心を起こす

❖他者をも、自分として愛する

私たちの最大の夢や目標は、心の状態だけではなく、
この世にも神の国をつくること。
そのためには、
他者を自分自身のように、愛することが重要といえる。

愛も、夢や目標と同じく、義務感ではなく、
「やりたい」や「したい」という意欲から生まれるもの。

愛に義務感が伴《ともな》うのなら、それは、愛とはいえない。
愛は、喜びによって生きる。
喜びのない愛は、愛とはいえない。

人それぞれに、自分自身のことを尊重している。
自分自身よりも、さらに、大切なものは見当たらない。
これは、他者にとっても同じこと。
このことから、すべての人に存在価値があると考える。

私たちが他者からして欲《ほ》しいと思うことは、
できる限り、他者へ施《ほどこ》したい。

愛とは、自分自身が欲《ほっ》することを他者へ施すこと。
愛とは、他者をも自分とすること。
愛とは、分断の意識の壁《かべ》をつくらないこと。

自分自身のことのように他者を思うことによって、
他者にとっての喜びとなり、自分自身の喜びともなる。

自分自身のことのように他者のために尽《つ》くし、
そのこと自体を喜びとすることこそ慈愛《じあい》の心といえる。
慈愛の心をもつことにより、神様の喜びに抱《いだ》かれつつ、
その喜びを養っていくことが揺《ゆ》るぎないものとなる。

命がけで自分自身の大切なものを守るように、
私たちは、今、目の前にいる他者に対し、
人として、多くの慈愛の心を起こしたい。

❖怨《うら》みの心を捨てて、赦《ゆる》す心となる

慈愛《じあい》の心がなくなると、裁く心が生まれる。
私たちが他者を裁くと、
私たちも他者から裁かれることになる。

また、裁く心は争いの元をつくる。

争いは、さらに次の争いをつくり、くり返される。
たとえ、他者との争いが終わったとしても、
争いにより怨《うら》みの心が残ってしまうために、
再び争いが起きる。

このような悪循環《あくじゅんかん》が起きないようにするために、
争いが起きてしまった後には、慈愛の心をもって、
裁く心や怨みの心を捨て去っていく決意をしよう。

怨みの心とは、他者との争いをもたらすことや
自分自身を苦しめてしまうだけの無意味なもの。
自分自身が苦しまないように、楽に生きるためにも、
この無意味な怨みの心を捨てて、赦《ゆる》す心となりたい。

もし、怨みの念で他者を呪《のろ》い殺すことができるという
考えをもっているのなら、その考えをも改めること。

❖最低限、他者に危害を与《あた》えないようにする

人殺しは、絶対に、容認できない。
人殺しや暴力、虐待《ぎゃくたい》などを見過ごすこともできない。
どのような状況《じょうきょう》でも、自殺はしないほうがいい。
人の寿命《じゅみょう》は、神様のみが決められるもの。

暴力を振《ふ》るう者は、暴力によって滅《ほろ》びる。

すべての人は、他者からの暴力を恐《おそ》れている。
私たちは、他者のことを自分自身のことに置き換《か》えて、
最低限、危害を与《あた》える悪をつくらないようにしたい。

❖極悪人は、善人と善人とを分断させる

ここで、全世界に広がる悪に対して目を向けてみよう。
悪は、神様ではなく、人がつくり出してしまったもの。

悪とは、人の命の尊さを軽視し、人に危害を与《あた》えること。
悪とは、自分自身さえよければいいという考えのこと。
悪とは、分断の意識の壁《かべ》をつくること。

極悪人は、言葉で善人の心に分断の意識の壁をつくり、
善人と善人とを争わせて、利権を得ている存在といえる。
この作戦にはまると、善人が悪人に見えるようになる。

❖善悪の分断の意識の壁《かべ》は、つくらないようにする

神様は、悪人に対しても、裁くことや怨《うら》むこと、分断の意識の壁《かべ》をつくることなどがない。

そして、悪人から善人へと立ち返ることを望んでいる。

私たちも、この神様の考え方に沿って生きたい。


私たちが悪人と見ても、善人の場合もある。

私たちは、極悪人の作戦にはまらないようにしたい。

善人の中に悪人がいて、悪人の中にも善人がいる。

善人と悪人は、絶対的に決められるものではない。

しかし、この世では、人それぞれの考えによって、
何が善で、何が悪かを慎重《しんちょう》に把握《はあく》する必要がある。
そして、私たちは、悪を把握することによって、
悪に抵抗《ていこう》し、善を進めることができるようになる。

悪に対しては、距離《きょり》を置きつつ、言葉により抵抗しよう。

一方、どのような現在の状況《じょうきょう》であったとしても、
悪に対して分断の意識の壁はつくらないようにしたい。
善悪の分断の意識の壁は、話し合いの機会をなくし、
常に、喜びの世界ではなく、悲しみの世界をもたらす。

❖悪人をも、人と信じて心の平安を保つ

平和をつくるために、分断の意識の壁《かべ》をなくしたい。
そして、すべての人に存在価値があると考えよう。
この考えがあるのなら、殺し・盗《ぬす》み・偽《いつわ》りはなくなる。

私たちが悪人の行いを知り絶望しないためにも、
悪人をも、人と信じて自分自身の心の平安を保ちたい。

さらに、全世界に対し、宗教・民族・国家の壁を越《こ》え、
世《よ》の元《もと》の大神《おおかみ》が発している喜びの言葉に抱《いだ》かれつつ、
喜びの道を歩み、多くの慈愛《じあい》の心を起こしたい。

第八の扉《とびら》

慈愛《じあい》の心を実践《じっせん》する

❖いいと感じたことをすぐに行う

慈愛《じあい》の心は、行いにより成り立つ。
神の国では、喜びつつ、お互《たが》いに、慈愛の心を行う。
行いが伴《ともな》わない場合、立派な学びを得ていたとしても、
慈愛の心があるとはいえない。

多様性があっても、人の生まれに違《ちが》いはない。
人は、行いにより違いが生まれる。

人は、誰《だれ》しもが善の心と悪の心とをもっている。
そのため、善と悪との心の高低の度合いは決められない。
一方、行いにより善と悪との高低の度合いが生まれる。

慈愛の心をもち、喜びを養っていくように、
いいと感じたことをすぐに行いたい。
すぐに行わないと、私たちは、不安になったり、
心配になったりする気持ちが起きてしまう。

喜びをもち、いいと感じたことをすぐに行うと、
不安や心配の気持ちがなくなり、運命をも変えられる。
神様と自分自身の力により、運命をも切りひらける。

たとえ、どのような運命にあったとしても、
喜びをもってすぐに行うのなら、いい運命となる。

❖いい行いには、いい報《むく》いが伴《ともな》う

運命は、占《うらな》い師や予言者にゆだねるものではない。
また、人生は自分自身の判断で責任をもって歩むもの。

呪文《じゅもん》や護符《ごふ》、パワーグッズ、パワースポットなどの外面的《がいめんてき》なものを適度に好む程度ならいい。
だが、外面的なものにとらわれないようにしたい。

外面的なものにとらわれてしまうと、内面的《ないめんてき》なものを見失って、心の迷いとなる。
最も大切にしたいものは、内面的な内なる言葉。

外面的なもので、内面的な清らかさは得られない。
内面的なもので、外面的な清らかさは得られない。
体に水をかぶると、外面的な穢《けが》れは洗い流される。
しかし、内面的な穢れが洗い流されることはない。

もし、外面的な水で内面的な穢れが洗い流せるのなら、
内面的な穢れとともに、内面的な清らかなものまでも
一緒《いっしょ》に洗い流されてしまうことになる。

悪い報《むく》いは、献金《けんきん》をしても解消されるものではない。
悪い報いを受けない方法は、何かにすがるのではなく、
現時点から、悪い行いを慎《つつし》むことしかない。

行いの報いとは、その人を離《はな》れて、宇宙のどこかで、点数計算をして管理されているようなものではない。行いの報いは、表情や話し方、雰囲気《ふんいき》、能力、人脈、人間関係などに現れ出てくる。

現在のいい行いは、未来のいい報いとなる。現在の悪い行いは、未来の悪い報いとなる。未来を見すえて、過去は一切問わないことが大切。

いい行いをすると、その報いが結実したときには、世の元の喜びの言葉が満ちあふれ出てくる。

❖他者を大切にする行いをする

たとえ、いい行いをしようと心掛《こころが》けている私たちに
非難や中傷をする人やデマを流す人がいたとしても、
距離《きょり》を置きつつ、その人をも大切にする行いをしよう。

世界中の子どもたちや弱い立場の人に対しても、
敬意をはらって、その人を大切にする行いをしよう。

私たちは、すべての人に存在価値があると考え、
神様の力もあいまって理解が得られることを信じて、
他者を大切にする行いをしよう。

❖ 優《やさ》しさがにじみ出ている人になる

私たちは、他者と接して、親切な行いを実践《じっせん》しよう。
何ごとも、他者と分かち合うような行いをしよう。
分かち合えない他者をも、距離《きょり》を置きつつ、見守りたい。

分かち合える他者を大切にする行いは、
私たちに、喜びをもたらしてくれる。

いつでも、にこやかな笑顔を見せよう。
笑顔は、相手を認めるサインといえる。
他者との関係は、あいさつからはじまる。
自ら率先して、あいさつをしよう。

他者に、心のこもったお辞儀《じぎ》をして、
優《やさ》しさのある振《ふ》る舞《ま》いを心掛《こころが》けよう。

ときに、感謝の気持ちを伝えてみるのもいい。
他者の素晴らしいところを認めたり、たたえたり、
ほめたりする言葉掛《ことばが》けもしよう。

周囲の人々をよく観察して、気づかいながら、
多くの言葉を足して、優しい言葉掛けをしよう。
他者のペースに合わせ、会話を楽しんでいるような
優しさがにじみ出ている人になりたい。

言葉は、使い方によって、無限の宝となる。
他者に与《あた》えても、与えてもなくなることのない無限の宝。

感覚的に、他者のことを理解できる人はいない。
じっくりと顔をつき合わせ、長い間話し合って、
はじめて、他者のことが理解できる。
このことを踏《ふ》まえて、他者の話をじっくりと聞きたい。

「〇〇さんが喜びますように」という思いで、
いつでも、どのようなときでも、慈愛《じあい》の心を実践し、
私たちは、他者と接して、喜びの道を歩みたい。

第九《く》の扉《とびら》

神に祈《いの》りをささげる

❖祈《いの》りは、直感力・想像力・確信力を育てる

慈愛《じあい》の心を育むためには、祈《いの》りが大切。
祈りから、高純度の慈愛の心や感謝の心が生まれる。

他者に対して、慈愛の心があると、
良質な人間関係が築けるようになる。
すると、日常のすべての物事がうまく回り出す。
さらに、私たちの新たな可能性をもひらかれる。

祈りをささげることにより、
今、何をしたほうがいいのかを私たちに対して、
神様が直感を通して教えてくれると強く信じよう。

私たちに備わっている能力の中でも、
特に、直感力・想像力・確信力はとても不思議な力。
祈りは、直感力・想像力・確信力との関係が深い。
これらの力を育てるためにも、祈りは有効。

毎朝、神様へ、祈りをささげていると
私たちの感性は研ぎ澄《す》まされていく。
私たちの直感力・想像力・確信力が高まっていく。

目には見えない存在に気持ちを向けることにより、
導かれていると思えるような直感力が身につく。

目には見えない存在を心に思い描《えが》くことによって、
夢や目標の源泉ともなる想像力が養われる。

神様に願った内容に対して、
「必ず実現できる」
という強い確信力がもてるようになる。

神様の喜びに抱《いだ》かれつつ、その喜びを養うためにも、
祈りをささげることはとても大切。
祈りは、私たちの喜びの内なる言葉を育てるためにも
大きな役目をはたす。

❖宗教には、おおらかさと寛容《かんよう》さが必須《ひっす》

人それぞれが祈《いの》りをささげている神様であるのなら、
どのような神様であったとしても尊重しよう。

特に、宗教には、おおらかさと寛容《かんよう》さが必須《ひっす》。
これにより、分断の意識の壁《かべ》がなくなり一体となる。
いろいろな神様が一体となることによって、
暗闇《くらやみ》の世界は、明るい世界へと変化する。

世《よ》の元《もと》の大神《おおかみ》の名前に、こだわる必要もない。
祈りは、形式よりも、内容のほうが大切。

❖神様に、祈《いの》りをささげる

毎朝、感謝の祈《いの》りと愛情の祈りをささげることがとても重要といえる。

◉感謝の祈り

「〇〇、有りがとうございます」

※〇〇には、神様からの恵《めぐ》みと思われる事柄《ことがら》を入れる

◉愛情の祈り

「〇〇さんが喜びますように」

※〇〇には、個人やグループの名前などを入れる

❖感謝の祈《いの》りをささげること

毎朝、目が覚めたら、生かされていることに、
神様へ、感謝の祈《いの》りをささげよう。

空気があることに。
水があることに。
食料があることに。
衣類があることに。
物があることに。
住居があることに。
そして、肉体があることに。

さらに、
電気があることに。
ガスがあることに。
水道があることに。

他者がいること自体も、神様からの大きな恵《めぐ》み。

これら私たちの命を支えてくれているものは、
神様から生み出されている身近にある大きな恵み。
これに思いを巡《めぐ》らせて「有りがとうございます」と、
日々、神様へ、感謝の祈りをささげよう。

❖愛情の祈《いの》りをささげること

「〇〇さんが喜びますように」という愛情の祈《いの》りは、私たちの心の成長する方向性を明確にしてくれる。

「喜びますように」の中の「喜び」とは、私たちが、感動して、心が揺《ゆ》れ動き、うれしい、楽しい、面白《おもしろ》い、おいしい、幸せ、有りがとうと思うこと。

つまり、「喜びますように」という愛情の祈りは、世の元の喜びの言葉そのものの祈り。

私たちには、祝詞《のりと》や経文《きょうもん》を形式的に唱えるよりも、
実質的な愛情の祈りのほうが大切といえる。

「○○さんが喜びますように」という愛情の祈りは、
他者に喜びをもたらすためだけの祈りではない。
他者の喜びをも、自分自身の喜びとする慈愛《じあい》の祈り。

自分自身の願いをかなえるための祈りの神髄《しんずい》は、
慈愛の心をもち、自分自身のことを願わないで、
自分自身の願いを他者の願いに置き換《か》えて、
神様へ、愛情の祈りをささげること。

❖祈《いの》りは、場所を選ばないで行える

いつでも、慈愛《じあい》の心をもちつづけて生きよう。

慈愛の心をもちつづけるためにも、
毎朝、「いい朝がきた」という新たな気持ちで、
神様へ、愛情の祈《いの》りをささげることはいい習慣。

ときに、電車での移動中や家事、仕事の合間などで、
手を合わせなくても、目をつぶり、心の中で、
神様へ、感謝の祈りと愛情の祈りをささげよう。
祈りとは、どこでも、場所を選ばないで行えるもの。

その日に会う人たちの顔を思い浮《う》かべつつ、
神様へ、感謝の祈りと愛情の祈りをささげよう。
時間があるときには、その日に会う人に限らないで、
家族、組織、地域、国、世界の人々へと広げよう。

立っているときも、
座っているときも、
横になっているときも、
眠《ねむ》っているとき以外は、
できる限り、神様へ祈りをささげつつ、
私たちの喜びの内なる言葉を育てよう。

❖世のため、人のために祈《いの》りをささげる

祈《いの》りをささげる前提には、
自分自身から他者に喜びを与《あた》えて、
他者の喜びをも自分自身の喜びとする精神がある。

私たちにできることは、神様の御心《みこころ》に仕えながら、
社会をととのえ、揺《ゆ》るぎなく社会を安定させること。

自分自身の喜びのためだけではなく、
世のために、人のために、他者の喜びのために、
喜びを養うために、祈りをささげよう。

第十《じゅう》の扉《とびら》

喜びの道をひらく

❖ 喜びの道を歩んでいく

喜びを養いつつ、喜びの道をひらいていくために、
忘れないようにしたい最終の思いを伝えよう。

自分自身を犠牲《ぎせい》にしないように、生きること。
自分自身が犠牲になることも、苦しむことも、
過去の嫌《いや》な記憶《きおく》や怨《うら》みの心を手放さないことも、
喜びの道とはいえない。

世を生かし、人を生かし、すべてを生かし、
自分自身をも生かしてこそ、喜びの道といえる。

世《よ》の元《もと》の大神《おおかみ》が発している喜びの言葉に抱《いだ》かれつつ、
喜びの道を歩みたい。
神様の喜びに抱かれつつ、その喜びを養い、
さらに祈《いの》り、私たちの喜びの内なる言葉を育てよう。

私たちの生活が思い通《どお》りにならないとき、
それは喜びの道にかなっていない証拠《しょうこ》といえる。
喜びの道を歩んでいくと、私たちの生活は、
思い通りになっていくと強く信じよう。

人それぞれの喜びの道がある。
人それぞれの役目がある。

人それぞれの役目は、神様に祈りつつ、
自分自身で探し求めて決めるもの。

神様の喜びの道が、人間の喜びの道となる。
人間の喜びの道が、神様の喜びの道となる。

神様の喜びの道と人間の喜びの道とを
日々、私たちは、一致《いっち》させて生きよう。
喜びの道を歩むと、巡《めぐ》り合わせもよくなっていく。

私たちが喜びの道を真剣《しんけん》に求めるのなら、
きっと、神様は私たちを真剣に導いてくれる。

私たちは、何ごとも、「喜びを養うために」と
祈りつつ、他者を大切にする行いをしよう。
このように祈りつつ行うと、神の国のためとなる。

「私たちの喜びの内なる言葉を育てるために」と
私たちが祈りつつ行うと、神様の力により、
それがどのような小さな行為《こうい》であったとしても、
大きな影響《えいきょう》を及《およ》ぼすことになると強く確信しよう。

そして、いい方向へと、今の家事や仕事はもとより、
全世界に劇的な変化がもたらされると強く信じよう。

❖ 家事や仕事を喜びとする

今の家事や仕事は、生きていくうえで大切なもの。
まずは、不満をもたないようにして、喜びとしよう。

家事や仕事とは、無理をすることではなく、
本来、他者と自分自身との喜びとなるもの。

神様とともに喜びの道を歩むことにより、徐々《じょじょ》に、
現在の状況《じょうきょう》は変わり、いいものが呼び寄せられてくる。
具体的に、食料や健康、衣類、物、住居、仕事、人、
お金などが飛び込《こ》んでくるようになると強く信じよう。

命も、健康も、衣類も、物も、住居も、仕事も、人も、
お金も、みな、神様から預けられているもの。
このように考えて、これらのものを強く欲《ほっ》してしまう
とらわれの心を捨てて、喜びの内なる言葉を育てよう。

神様の喜びは、すべてのものに流れ込んでいる。
衣類や物、住居、仕事、人、お金などを求める前に、
神様の喜びに抱《いだ》かれつつ、その喜びを養いたい。

喜びの道を歩みつづけると、
私たちの喜びの内なる言葉が育っていき、
すべての望みはかなえられるようになると強く信じよう。

❖世の元の喜びの言葉を受け入れる

喜びの道を歩むとき、へりくだることが大切。

へりくだっているからこそ、他者からのアドバイスがあり、
自分自身の足りていないところが見えてくる。
へりくだるとは、優《すぐ》れているからこそできることで、
神様や他者を敬《うやま》い、自分自身を低くみせる姿勢といえる。

へりくだることによって、良好な人間関係が築かれる。
一方、高ぶる者は人間関係を台無しにしてしまう。
神の国では、喜びに満ち、愛情や慈愛《じあい》の心をもって、
お互《たが》いがお互いに対して、へりくだっている。

今のこの世では、へりくだると軽《かろ》んじられることもある。
だが、それでも、へりくだり、他者を大切にしよう。

私たちは、へりくだりつつ、喜びの道を歩み、
世の元の喜びの言葉を素直に受け入れよう。
また、疑問を抱《いだ》かない子どものように素直に受け入れよう。

さらに、私たちが喜びの道を歩んでいくにつれて、
喜びの道は、ますます、ひらかれていく。
そして、ついに、この世と私たちの心の中には、
喜びに満ちあふれている神の国がひらかれる。

結び

世《よ》の元《もと》の大神《おおかみ》は、私たちを子として、いつでも、どこでも、どのようなときでも、見守ってくれている。

〈世の元の喜びの言葉〉

「うれしい」
「楽しい」
「面白《おもしろ》い」
「おいしい」
「幸せ」
「有りがとう」

この言葉は、現在でも、鳴り響《ひび》きわたっている。
さらに、この言葉が、私たちの感性の源ともなった。
世の元の大神は、最大の愛情に満ちあふれている。

神の国からの言葉に宿る神の力により、私たちに、
神が満ちて、天《てん》の言霊《ことたま》の道《みち》、喜びの道はひらかれた。

さらに、喜びの道を大きくひらいていくために、
次項《じこう》の「特別付録」を参照してください。
最後まで読んでいただき、有りがとうございます。
皆《みな》さまが喜びの道を歩めることをお祈《いの》りいたします。

❖特別付録　喜びの道への毎日習慣メソッド

ここに、喜びの道への毎日習慣メソッドとしてまとめておきます。

「神様の喜びに抱《いだ》かれつつ、その喜びを養っていこう」　P14～

「私たちの喜びの内なる言葉を育てよう」　P22～

「起きることは、内なる言葉からはじまると意識しよう」　P25～

「現在を足掛《あしが》かりとして、喜びを見いだそう」　P28～

「喜びの呼吸法を実行しよう」　P31～

「身近にある大きな恵《めぐ》みに、思いを巡《めぐ》らせよう」　P33～

「他者との比較《ひかく》をやめて、自分自身の才能を認めよう」　P44～

「自然な欲求をも、温かく見守っていこう」　P46～

「情報を集めて、恐怖《きょうふ》を改善点に捉《とら》え直してみよう」　P51〜

「不名誉《ふめいよ》な言葉を真《ま》に受けないようにしよう」　P54〜

「嫌《いや》な記憶《きおく》を縮小化しよう」　P60〜

「すべては自分という意識をもとう」　P72〜

「自分自身の夢や目標をもち、実現させよう」　P80〜

「他者に対して、慈愛《じあい》の心をもとう」　P88〜

「怨《うら》みの心を捨てて、赦《ゆる》す心となろう」　P91〜

「喜びをもち、いいと感じたことをすぐに行《おこな》ってみよう」　P100〜

「優《やさ》しさがにじみ出ている人になろう」　P106〜

「神様に、祈《いの》りをささげよう」　P114〜

「家事や仕事を喜びとしよう」　P128〜

「世の元の喜びの言葉を素直に受け入れよう」　P130〜

私たちの毎日を喜びのいいサイクルで過ごすことこそ、
喜びの道を大きくひらいていくための秘けつといえます。

日々、喜びの道への毎日習慣メソッドの中から
気になる項目《こうもく》や記憶したい項目などをピックアップして、
各ページとその前後のページを読んでほしい。
それが何日間、つづくのかにも挑戦《ちょうせん》してください。

本書をひらくことが習慣になると、毎日が好転します。

そして、日ごとに本書をひらくことができたのなら、
そのことだけでも、素直に喜びを表してみてください。

私たち人間は、素直に喜びを表すことによって、
その感情に対応する良質な脳内ホルモンが分泌《ぶんぴ》されます。

すると、ますます喜びの道が大きくひらかれていきます。
さらには、人生に、いいサイクルが確立されるのです。
本書の内容が頭にインプットできたのなら、
次の心掛《こころが》けとして、他者へアウトプットもしてください。

インプットしたものをアウトプットすることにより、
本書の内容の理解はより深まっていきます。
できることなら、本書に理解のあるよき友が集《つど》い、
よき友と、天《てん》の言霊《ことたま》の道《みち》について語り合ってほしい。

❖参考資料　イエス・キリストの言葉

本書を書くにあたり、参考にしたイエスの言葉を書き記《しる》します。

・神の国は、あなた方の中にある。
『聖書』ルカによる福音書17・21

・隣人《りんじん》を自分のように、愛しなさい。
『聖書』マタイによる福音書22・39

・人にしてもらいたいことは、何でも、あなた方も、人にしなさい。
『聖書』マタイによる福音書7・12

・あなた方は、他者を裁くことにより、自分自身が裁かれる。
『聖書』マタイによる福音書7・1-2

・他者に対して怨《うら》みをもっているのなら、赦《ゆる》してあげなさい。
『聖書』マルコによる福音書11・25

・剣《つるぎ》をしまいなさい。
剣を取る者は、皆《みな》、剣により滅《ほろ》びる。
『聖書』マタイによる福音書26・52

・敵を愛し、迫害《はくがい》する者のために、祈《いの》りなさい。
『聖書』マタイによる福音書5・44

・高ぶる者は低くされ、へりくだる者は高められる。
『聖書』ルカによる福音書18・14

・子どものように、神の国を受け入れなさい。
神の国を受け入れなければ、決して、神の国に入ることはできない。
『聖書』ルカによる福音書18・17

参考文献

・北川達也著『祈り方が9割 願いが叶う神社参り入門』COBOL 2018年
・北川達也著『ブッダの獅子吼 原始仏典・法華経の仏教入門』
　COBOL 2020年
・北川達也著『日月の未来記「日月神示」岡本天明の予言』COBOL 2021年
・北川達也著『大宇宙の鉄則「日月神示」に基づく生き方』COBOL 2022年

・神社本庁編『敬神生活の綱領 解説』(稿本)神社新報社 1972年
・植木雅俊訳『サンスクリット版縮訳 法華経 現代語訳』角川ソフィア文庫 2018年
・聖書協会共同訳『聖書 聖書協会共同訳』日本聖書協会 2018年
・荒井献著『トマスによる福音書』講談社学術文庫 1994年
・井筒俊彦訳『コーラン 上・中・下』岩波文庫 1957年～1958年
・小杉泰編訳『ムハンマドのことば―ハディース』岩波文庫 2019年
・渡邊二郎、他訳『ニーチェ全集(15巻・別巻4巻)』ちくま学芸文庫 1993年～1994年
・渡邊二郎編『ニーチェ・セレクション』平凡社 2005年

・國學院大學日本文化研究所編『〔縮刷版〕神道事典』弘文堂 1999年
・中村元著『広説 佛教語大辞典 縮刷版』東京書籍 2010年
・木寺廉太訳『オックスフォード キリスト教辞典』教文館 2017年
・大貫隆、他編『岩波 キリスト教辞典』岩波書店 2002年
・廣松渉、他編『岩波 哲学・思想事典』岩波書店 1998年
・渡邊二郎、他編『ニーチェを知る事典―その深淵と多面的世界』ちくま学芸文庫 2013年
・白川静著『新訂 字訓[普及版]』平凡社 2007年
・増井金典著『日本語源広辞典[増補版]』ミネルヴァ書房 2012年
・前田富祺監『日本語源大辞典』小学館 2005年
・白川静著『新訂 字統[普及版]』平凡社 2007年
・小川環樹、他編『角川 新字源 改訂版』角川学芸出版 1994年

北川 達也（きたがわ たつや）

1971年10月、東京生まれ。國學院大學神道文化学部 卒業。

全国約八万の神社を包括する神社本庁から、神職としての
学識が認められ、神職養成機関で取得できる最高階位である
「明階」を授与される。
神職養成の実習は、三重の伊勢神宮や島根の出雲大社、
東京の明治神宮などで修める。

仏教では、『梵漢和対照・現代語訳 法華経』などの著者で、
サンスクリット語やパーリ語、漢語などに精通している仏教思想
研究家の植木雅俊氏に師事する。
また、公益財団法人 中村元東方研究所・東方学院の研究
会員となり、原始仏教を学ぶ。

2005年9月より現在に至るまで、ソフトウェア開発の会社
経営を行っている。
この目的は、「世のため、人のため」という「神道的な精神」を
社会生活の場で応用実践することにある。

神道的な精神を伝えるために、「北川達也の定例セミナー」を
毎月開催している。

【 著書 】

『祈り方が９割　願いが叶う神社参り入門』
『ブッダの獅子吼　原始仏典・法華経の仏教入門』
『日月の未来記　「日月神示」岡本天明の予言』
『大宇宙の鉄則　「日月神示」に基づく生き方』
（いずれもコボル）

【 共著 】

『anan No.2170 開運行動学』(マガジンハウス)
『一個人 開運の作法』(ベストセラーズ)
『岩戸開き 創刊号』(ナチュラルスピリット)

CBCラジオ「北野誠のズバリサタデー」にも生出演

【会社経営の実績】

２００５年９月、「ソフトウェア開発と技術者の人材コンサルティングを提供する、ソフトウェア開発の企業」を創業し、会社経営者となる。

２０１４年７月、会社創業から第１０期目を迎え、従業員数は２００名、売上高は１２億円を突破。
急成長企業として業界で一目を置かれる。

その秘訣は、会社設立より変わらない神道的な精神にある。

喜びの道をひらく　天の言霊の道

2024年　4月　1日　第1刷発行
2024年　5月　1日　第3刷発行

著　者　北川 達也
発　行　株式会社COBOL
〒101-0054　東京都千代田区神田錦町2-1-8　竹橋ビル3F
発　売　日販アイ・ピー・エス株式会社
〒113-0034　東京都文京区湯島1-3-4　電話/03-5802-1859

ISBN 978-4-909708-05-2 C0011